www.ingramcontent.com/pod-product-compliance
Lightning Source LLC
LaVergne TN
LVHW060151051026
849517LV00007B/2628
* 9 7 8 9 6 9 0 0 2 9 2 5 6 *

عرض کیا ہے!

اظہر حسین

فیروزسنز (پرائیویٹ) لمیٹڈ
لاہور ۔ راولپنڈی ۔ کراچی

غیر مجلد : 978 969 0 02924 9

بارِ اوّل ___________ ۲۰۲۴ء

فیروز سنز (پرائیویٹ) لمیٹڈ

ہیڈ آفس و شو روم: 81 ۔ ڈی/1، مین بلیوارڈ گلبرگ III، لاہور۔ پاکستان
راولپنڈی آفس :277۔ پشاور روڈ، راولپنڈی۔
کراچی آفس : فرسٹ فلور، مہران ہائٹس، مین کلفٹن روڈ، کراچی۔

عرض کیا ہے!
اظہر حسین

Arz Kiya Hai
Azhar Hussain

2024ء © جملہ حقوق فیروز سنز (پرائیویٹ) لمیٹڈ محفوظ ہیں۔

جملہ حقوق بحق ناشر محفوظ ہیں۔ اس کتاب کا کوئی حصہ فیروز سنز (پرائیویٹ) لمیٹڈ کی پیشگی تحریری اجازت کے بغیر نقل کرنے، نشر کرنے یا کسی بھی طریقے سے محفوظ کرنے، فوٹو کاپی کرنے یا ترسیل کرنے کی اجازت نہیں۔

مطبوعہ فیروز سنز (پرائیویٹ) لمیٹڈ لاہور۔ باہتمام ظہیر سلام پرنٹر و پبلشر
email: support@ferozsons.com.pk
www.ferozsons.com.pk

میرے سورج کے طلوع کا ، میری یادوں کی نمو کا
میری سوچوں کے وضو کا ، بیاں ہے شاعری
میری نیندوں کے خشوع کا، میری راتوں کے سکوں کا
میرے اشکوں کے جنوں کا، بیاں ہے شاعری

فہرست

باب سوّم: نظمیں

باب چہارم: قطعات

باب پنجم: غزلیات

پیش لفظ

کہتے ہیں کہ اِنسان وقت کے ساتھ بڑے ہوتے ہیں، غلط کہتے ہیں ۔اِنسان کو وقت نہیں بلکہ حوادث بڑا کرتے ہیں۔ بھلے کم ہی عمر رہی ہو لیکن تلخ تجربات اور بے نقاب حقیقتیں اِنسان کی سنجیدگی کو جگا دیتی ہیں۔ٹوٹے ہوئے لوگ باکمال مشورہ دیتے ہیں کیونکہ دھوکے کے لقموں سے لتھڑے خلوص کی کرچیاں خیال کی تزئین کر کے اُسے حسن بخشتی ہیں اور یقیناً دھوکا کھانے کی عمر تو کوئی ہوتی نہیں۔

مجھے معلوم تھا کہ میں شعر کہہ سکتا ہوں لیکن اِس میدان میں طبع آزمائی کبھی کوشش کا روپ نہ دھار سکی۔ اردو سے محبت بچپن ہی سے میرے دل میں جاگزیں رہی۔ اس پر مزید عنایت قدرت کی یہ رہی کہ مطالعے کا شوق بھی تھا چنانچہ ذخیرۂ الفاظ کی نعمت کا ذائقہ بھی چکھا۔ میں کسی طور بھی اردو دان ہونے کا دعویٰ نہیں کر رہا بلکہ محض تلمیذِ ریختہ بھی اگر مان لیا جاؤں تو سعادت سمجھوں۔

اپنے حوالے سے یہ کہوں گا کہ اندر کے شاعر کی دریافت تب ہو سکی جب میرے خیال اور الفاظ کے درمیان درد کا پُل قائم ہو گیا۔ کچھ مختصر تُک بندیوں سے ہمّت پائی تو حمدِ باری تعالیٰ اور نعتِ رسول ﷺ کہنے کی نیّت کی۔ پیشِ نظر طباعت میرے اب تک کے کلام میں سے بہترین انتخاب پر مشتمل ہے۔

میں نے صرف زخموں پر لفظ رکھے؛ درد نے خود ہی اُنہیں شعر بنا دیا چنانچہ میرا دعویٰ شاعری کا نہیں ہے بلکہ صرف خیال کو کاغذ پر ڈالنے کا ہے۔ اِسی دوران شاعری ہو گئی کہ نہیں؟ یہ کہنا قاری کی صوابدید ہے۔

یہ مختصر مجموعہ میری پہلی ادنیٰ کاوش ہے اور اللہ تعالیٰ سے دعا ہے کہ غالب اور اقبال کے اشعار کے سائے میں میرے کہے کچھ الفاظ جگہ پا سکیں۔

نوازش، کرم، شکریہ، مہربانی

اظہر حسین

27 جنوری 2024ء

بابِ اوّل

ذکر و افکار

حمد باری تعالیٰ

اُس کی گواہی گونج رہی ہے
زندیق کی ہے ہڑتال برابر
عقل کی نیند کہ کھلتی نہیں
منادی ہے دیتا کمال برابر

رقص میں ہے کائنات
سب اجرام، اشکال برابر
مصروف کار ہیں سورج و چاند
جاری ہے اُن کی دھمال برابر

کوئی توازن غائب نہیں
سب کی ہے پڑتال برابر
اُس کے قابو وقت ہے سارا
دِن، مہینے، سال برابر

وجود ترا حق پہ دال ہے
کان، آنکھ، بال برابر
دعوتِ جستجو سبھی کو ہیں دیتے
جلال، جمال، افعال برابر

☆ زندیق: ملحد (لادین) ☆ اجرام: فلکی اجسام ☆ توازن: ناپ تول میں برابری (یہاں کائنات میں نقص نہ ہونے کی طرف اشارہ ہے) ☆ جلال: غصہ (یہاں مزاج مراد ہے)

نعت رسول ﷺ

جذبۂ عشق بڑھا دیجیے
چودہ صدیوں کی دوری مٹا دیجیے

دستِ نبوت میں بھنبھناتے پتھر
نغمۂ لا الٰہ سنا دیجیے

بصارتِ کفر کو پھاڑتا ہوا
شق القمر دکھا دیجیے

وہ حلف، الفضول، وہ صلحِ حدیبیہ
وہ بیعتِ رضواں، دکھا دیجیے

میں دیکھوں قبا میں مسجد کو بنتا
تخیل کو میرے آئینہ کیجیے

خود کو پاؤں بدر کے میدان میں
وقت کو یہ اِذن عطا کیجیے

چیختی بھوک پہ پتھر کا بند
غزوۂ خندق دکھا دیجیے

گونج بلالی اذاں کی سنا دیجیے
مجھے قیدِ وقت سے رہا کیجیے

ٹوٹتے بتوں کے ٹکڑوں کی چیخیں
جاء الحق سنا دیجیے

مجھے پروانۂ رضا عطا کیجیے
اِلٰہی! مجھے نہ ضائع کیجیے

☆ تخیل: تصور ☆ جاء الحق: کعبے کے بت گراتے ہوئے مسلمانوں کا نعرہ

سجدۂ حسینؓ

اعزاز یہ نبی کے نواسے کا خاص ہے
حکومت سے لڑ رہا ہے اور سجدے میں ہے حسینؓ

للکار ہے ہر دور کے رہروانِ یزید کو
عروج ڈھل رہا ہے اور سجدے میں حسینؓ ہے

حسین کے لبوں کی پانی کو پیاس تھی
پانی تڑپ رہا ہے اور سجدے میں ہے حسینؓ

نہ کوئی اور کام ہوا حائلِ نماز
لشکر اُبل رہا ہے اور سجدے میں ہے حسینؓ

جانے کون سی مناجات عین جنگ میں
رب کو سنا رہا ہے اور سجدے میں ہے حسینؓ

جبر سے جنگ کا معیار طے کیا
بچے، بھتیجے لٹا رہا ہے اور سجدے میں ہے حسینؓ

کوئی اندازہ نہیں کر سکتا غم کے اس غم کا
غم کو نبھا رہا ہے اور سجدے میں ہے حسینؓ

نصابِ وفا رقم ہوا صحرا کی ریت پر
شہید ہو رہا ہے اور سجدے میں ہے حسینؓ

اُمت کو بتا دیا خلوص و ریا کا فرق
سر ہے نیزے پہ اور سجدے میں ہے حسینؓ

☆ رہروان: پیروی کرنے والے ☆ مناجات: دعائیں

☆ نصابِ وفا: وفا کا سبق (یہاں دین سے وفاداری نبھانے کا بتانے کے لیے استعمال ہوا ہے)

حساب

اُس کی جرأتِ گناہ پہ تعجب ہے
ہو جس کا عقیدہ میرا رب مجھ سے پوچھے گا

ایک اک جرم کا حساب مجھ پہ واجب ہے
کون ، کیا ، کیسے ، کب مجھ سے پوچھے گا

کِیا ہو گا گناہ جب جب زندگی میں
وہ سب کے سامنے وہ دن ، وہ شب مجھ سے پوچھے گا

دل و دماغ سے گونج محو نہ ہو
وہ اب مجھ سے پوچھے گا، وہ اب مجھ سے پوچھے گا

کر کے مستحکم میری سزا و جزا کی وجہ
وہ تب مجھ سے پوچھے گا، وہ تب مجھ سے پوچھے گا

کر چکا ہوں جو کارنامے میں سارے
مر جانے کے بعد وہ سب مجھ سے پوچھے گا

میں نے دیئے جو زخم کسی معصوم کو
وہ آنکھ، وہ سر، وہ لب مجھ سے پوچھے گا

میرا احساسِ ندامت بہہ نکلے گا آنکھوں سے
سورج کو سر پہ کھڑا کر وہ جب مجھ سے پوچھے گا

فکر

میرے اللہ سب رشتے دنیا میں ہی جھوٹے نکلے
میں قیامت میں بھی اکیلا رہ جاؤں گا؟
میرے اللہ میرے ارد گرد اندھیرا بہت ہے
میرے اللہ قبر سے جنت میں کیسے جاؤں گا؟
میرے اللہ قیامت میں جب تیرے سامنے آؤں گا
میں صاف شفاف دل کہاں سے لاؤں گا؟
میرے اللہ گر گناہوں کا پلڑا بھاری رہا
میرے اللہ شرم سے وہاں مر بھی نہ پاؤں گا
میرے اللہ میرے ہاتھ پیر میرے گناہ گنوائیں گے
میرے اللہ میں تیری رحمت کیسے پاؤں گا؟
میرے اللہ ٹوٹی پھوٹی نیت سے پڑھی چار نمازیں
میں اپنی دستار میں کیسے سجاؤں گا؟
میرے اللہ میری ندامت پھوٹے گی آنکھوں سے
میں اپنے آنسو بے ریا کیسے بناؤں گا؟
میرے اللہ میرے گناہوں کو جھاڑ دے
میرے اللہ سایۂ عرش کیسے پاؤں گا؟

☆ بے ریا: پُرخلوص

التجا

فریاد ہے الٰہی تو رحمان ہے
بندہ ہی ناچیز و نادان ہے

مدد فرما اے مالکِ یوم الدّین
چہار سو ہے میرے دشمنوں کی کمین

سن لے میری القدوس اب بھی
نہیں ہوا ہوں میں مایوس اب بھی

اے مالک میرے ، اے ربّ عزیز
نیکیوں کا مجھے بنا دے حریص

اِلٰہی تری شان ستار بھی ہے
بندہ یہ عاجز شرم سار بھی ہے

میری عزت یوں اُٹھائی گئی ہے
تیرے عرش تک دُہائی گئی ہے

اے موسیٰ کا رستہ کھلا کرنے والے
عدّو کے توڑ دے سب نیزے بھالے

مجھے کم ظرفوں کے شر سے بچا لے
بُروں کی بُری نظر سے بچا لے

گھیر لیا ہے مجھے کالے دل والوں نے
مجھے اِن کی کالی سازشوں سے بچا لے

حملہ آور ہیں مجھ پہ یہ دست و زبان سے
تو اِن پر بھیج تیر اپنی کمان سے

یہ غدار و مکار و بے راہ لوگ
تھونپنا چاہتے ہیں مجھ پہ کوئی سوگ

مگر مجھ کو خالق سہارا ہے تیرا
کنارے لگے گا نہ اِن کا یہ بیڑا

بدلہ لے لے میرا تو اے منتقم
کہ سب انسانوں کا تو ہے ممتحن

☆کمین: پناہ گاہ ☆عدّو: دشمن ☆منتقم: انتقام لینے والا

مسلمان کی دُنیا

ہر ایک مسلمان کی دنیا پہ نظر ہے
فکرِ فردا نہ ہی امروز کی قدر ہے
پیشِ نظر معیشت کا زاویہ ہے ہمہ وقت
رواداری و اخلاق ہاں پسِ نظر ہے
یہ جو روش ہے فی زمانہ دین پر تنقید کی
جہالت کے عقل پر غلبے کا ثمر ہے
گرچہ ہر بشر تقدیر کے دھاگے سے ہے بندھا
اس مشتِ خاک میں پھر کس بات کی اکڑ ہے؟
چھوڑ دیا غور و غوض دین میں ایسے
غالبًا اذہان پہ شیطاں کی جکڑ ہے
اُخروی حیات ہے آخری ترجیح
ہر فردِ اُمّت کا یہ فلسفۂ دہر ہے
نماز چھوڑ، زکوٰۃ چھوڑ، رمضان چھوڑ
منفعتِ دنیا پہ مضبوط پکڑ ہے
غافل تو باز آ دنیا کی فکر سے
اس فانی حیات کا انجام قبر ہے

☆ فردا: آنے والا کل ☆ امروز: آج ☆ دہر: زمانہ ☆ فلسفۂ دہر: آج کے دور کا قاعدہ

میرا اللہ مسکرائے

دنیا کا بھی میرا کام ہو سکتا ہے
میرا ظرف ایسا ہو میرا اللہ مسکرائے

اِختلاف بصد احترام ہو سکتا ہے
میرا خلق ایسا ہو میرا اللہ مسکرائے

خلوص بے دام ہو سکتا ہے
میرا طور ایسا ہو میرا اللہ مسکرائے

عشق ناکام ہو سکتا ہے
میرا ضبط ایسا ہو میرا اللہ مسکرائے

ہجوم بے لگام ہو سکتا ہے
میرا نطق ایسا ہو میرا اللہ مسکرائے

نصیب بے مقام ہو سکتا ہے
میرا شکر ایسا ہو میرا اللہ مسکرائے

تماشائے ظلم کا ہنگام ہو سکتا ہے
میرا صبر ایسا ہو میرا اللہ مسکرائے

فقیر بے مرام ہو سکتا ہے
میرا شوق ایسا ہو میرا اللہ مسکرائے

جنت کا بھی انتظام ہو سکتا ہے
میرا حشر ایسا ہو میرا اللہ مسکرائے

☆ **نطق:** بولنے کی قوت ☆ **بے مرام:** بے مراد

میرا کیا بنے گا

آسمان پھٹ کے جب گرنے لگے گا
جب تارے ٹوٹ جائیں گے، میرا کیا بنے گا

پہاڑ جب روئی کے گالے بن جائیں گے
ہر روح پکارے گی، میرا کیا بنے گا

بے جان قبروں سے جب نکالے جائیں گے
پھٹی آنکھیں پوچھیں گی، میرا کیا بنے گا

جب سورج سوا نیزے میرے سر پہ تنے گا
دِل سے ہوک اٹھے گی، میرا کیا بنے گا

میدان میں ہجوم جب ہنکارے جائیں گے
جب جہنم دہکتا دکھے گا، میرا کیا بنے گا

جب اعمال میزان پہ تولے جائیں گے
میرا وزن گر کم ہوا، میرا کیا بنے گا

نیک لوگ سیدھے جنت میں چلے جائیں گے
ان پہ رحمت ہو گی، میرا کیا بنے گا

مجھ گنہگار کی بس فضل کی پکار ہے
میں جانتا ہوں گر عدل ہوا، میرا کیا بنے گا

☆ ہوک: درد بھری چیخ　☆ ہنکار: دھکیلنا

تجزیہ

نشۂ ترکۂ قارون سے لبریز ہیں اذہان
تہذیب و اقدار کے کشکول خالی ہیں

ہر صاحب مسند فرعون ذہن ہے
سوائے ہامانیوں کے، سب لوگ خالی ہیں

نمرود کے الاؤ کے شعلے لپک رہے ہیں
مقفّل ایمانیوں کے قلوب خالی ہیں

شداد کی جنت کے ٹکڑے ہیں جا بجا
شوقِ فردوسِ بریں سے خیال خالی ہیں

دربارِ دقیانوس کی جھلک ہے ہر اک دربار
للکارِ مسلمان سے سب غار خالی ہیں

شقاوتِ قابیل سے زمیں لہو لہو ہے
سنّتِ براہیمؑ سے اعمال خالی ہیں

جالوت کی افواج کا ڈنکا بج رہا ہے
داوٴدؑ کی جرأت سے جگران خالی ہیں

سامریوں نے دھندلا دیئے ہیں افکارِ پاکیزہ
للکارِ موسیٰؑ سے لب و زبان خالی ہیں

ہوسِ قیدار کی زد میں ہیں اونٹنیاں
روشِ صالحؑ سے مسلمان خالی ہیں

اسکریوتیوں اور جعفروں کا انبار لگا ہے
حسینیوں کے گھوڑوں کے پالان خالی ہیں

کئی یزید و شمرِ ذی الجوشن ہیں آج یہاں
اور ان سے مدافعت کے امکان خالی ہیں

میرے الٰہ! پکار ہے اب حشر ہو ہی جائے
سجدہ ہائے لبریز سے میدان خالی ہیں

☆ **ترکہ:** مرنے والے کی وراثت ☆ **ہامانیوں:** ہامان فرعون کے وزیر کا نام تھا

☆ **مقفل:** تالے میں بند ☆ **شقاوت:** سخت مزاجی

☆ **شداد:** ایک بادشاہ کا نام جس نے دنیا میں جنت بنائی تھی ☆ **دقیانوس:** اصحابِ کہف کے دور کا بادشاہ

☆ **قیدار:** قیدار بن سالف اُس شخص کا نام تھا جس نے صالحؑ کی معجزانہ اونٹنی کو قتل کیا تھا

☆ **اسکریوتی:** یوحنا اسکریوتی نے حضرت عیسیٰؑ کی مخبری کی تھی (یہاں بے وفائی کے استعارے کے طور پر استعمال ہوا ہے) ☆ **جالوت:** حضرت داؤدؑ کے ہاتھوں قتل ہونے ولا بادشاہ

☆ **شمرِ ذی الجوشن:** وہ شخص جس نے حضرت حسینؓ کو شہید کیا تھا

بابِ دوّم

خلش

بے وفا روشنی

کیا کرے کوئی جب بادِ صبا بادِ سموم ہو جائے؟
کیا کرے کوئی جب دل کا موسم مغموم ہو جائے؟
کیا کرے کوئی جب چاہتیں زہر آلود ہو جائیں؟
کیا کرے کوئی جب عزتیں نذرِ بارود ہو جائیں؟
کیا کرے کوئی جب آغوشِ مادر درس گاہ نہ رہے؟
کیا کرے کوئی جب درسِ مادر باعث شفا نہ رہے؟
کیا کرے کوئی جب طفل سے دشمنی مادر کرے؟
کیا کرے کوئی جب اس کا مستقبل ترجیح مادر نہ رہے؟
کیا کرے کوئی جب رفیقۂ حیات سوہانِ روح بن جائے؟
کیا کرے کوئی جب خواہرِ زوجہ وجہِ عنقاءِ سکوں بن جائے؟
کیا کرے کوئی جب اپنا گھر قید خانہ لگے؟
کیا کرے کوئی جب اپنا گھرانہ بیگانہ لگے؟
کیا کرے کوئی جب زندگی سزا بن جائے؟
کیا کرے کوئی جب روشنی بے وفا بن جائے؟

☆ سوہانِ روح: روح کا زخم ☆ خواہر: بہن ☆ مغموم: غم زدہ ☆ عنقاء: غائب

میرا گھر

میرے صحن میں بکھرے ہیں میرے گھر کے دھاگے
کیا اتنی کمزور تھی میرے گھر کی ساخت؟

اِک عشرۂ حیات یہاں بِتایا تھا میں نے
جگر کے لہو سے کی تھی اِس کی پرداخت

میرے گھر کو چوس گئی اک آکاس بیل
میرے گھر نے خود کی تھی اُس بیل کی کاشت

نچوڑ لیا سب میرے گھر کا سکون اُس نے
مجھے ویران کر گئی وہ بدنما و بدذات

مجھے ہرانے کی خواہش بہت لوگوں نے کی
لیکن اُن کی ہو نہ سکی پوری کوئی بات

میرے گھر پہ پلنے والی آکاس بیل
میرے گھر کو ڈھا کر مجھے دے گئی مات

ایک عجیب موسم تھا وہاں درونِ خانہ
میری خوش اخلاقی تھی بمقابلہ ہفوات

میری روح پر زخم ہیں وہ سب لمحات
میرے گھر میں لگ چکی تھی مجھ ہی پر گھات

اپنے گھر میں پکتی ہوئی یہ آلودہ ہانڈی
ایک معزز شخص بھلا کیسے کرے برداشت؟

میری اُس پہچان کو لگ چکا ہے زنگ
اظہر میں بنا رہا ہوں خود کی نئی شناخت

☆ پرداخت: پرورش ☆ ہفوات: گالم گلوچ ☆ درونِ خانہ: گھر کے اندر

☆ آکاس بیل: درخت سے لپٹی ہوئی بیل جو درخت سے خوراک لیتی ہے

قطعہ

بے متانت لوگ ہیں اور بولا جھوٹ گیا ہے
سفید جھوٹ جیسے پانی ٹوٹ گیا ہے
گیا وقت ہم سے ہمارا سچ لُوٹ گیا ہے
اندھیرا بگرفت ہے اور سویرا چھوٹ گیا ہے

قطعہ

ہر اشک پہ شک ہے دردِ سری نہ ہو
ہر لطف پہ شک ہے شیشہ گری نہ ہو
ہر آہ پہ شک ہے بے سُری نہ ہو
ہر سانس پہ شک ہے آخری نہ ہو

قطعہ

مجھے میرا وقت واپس چاہیے
میرا ہر شبد واپس چاہیے
یہ احساس زیاں بہت کرب ناک ہے
مجھے میرا قرض واپس چاہیے

☆ متانت: سنجیدگی ☆ بگرفت: پکڑ میں ☆ شیشہ گری: خوشامد ☆ زیاں: ضیاع

اندیشہ

خوشی، غم دونوں کا خرچ کھٹکتا ہے
میری جمع پونجی کی خدایا خیر ہو
آسماں ٹپکے تو چھت بھی ٹپکتا ہے
میری جھونپڑی کی خدایا خیر ہو

مری بھوک کا مری محرومی سے رشتہ ہے
میری اَن کہی کی خدایا خیر ہو
میرے غم پہ ہر ناشدنی ہنستا ہے
میری بے کسی کی خدایا خیر ہو

مرا تبسّم دلِ گرفتہ ہے
میری خندہ پیشانی کی خدایا خیر ہو
مرا پلنگ دیمک زدہ ہے
میری نیند کی خدایا خیر ہو

میرے اندر اک دشت بستا ہے
میری ویرانی کی خدایا خیر ہو
میرا عشق بے پرواہ ہے
میری دیوانگی کی خدایا خیر ہو

☆ **ناشدنی:** ناشدنی سے یہاں شرارتی لوگ مراد ہیں۔ ☆ **خندہ پیشانی:** ثابت قدمی ☆ **دلِ گرفتہ:** غمزدہ

غزل

کیوں ضروری ہے دولت پیمانۂ عزت ہو؟
عُسرت تر دامنی ہو، رسوائی ہو

کیوں وفا کا مقدر ہوں بہتی آنکھیں؟
کیوں گرمجوشی کا صواب بے وفائی ہو؟

کیوں پُرخلوص لہجے سہیں دُھتکار؟
کیوں مخاطب کی آواز اُکتائی ہو؟

وہ پردۂ روزن بھلا کس کام کا؟
ضد و انا و غیبت جس کی بُنائی ہو؟

اس کی سوختہ طبیعت دہائی دیتی ہے
اس کی خوشی جیسے کسی نے سلگائی ہو

سب کو شہرت پہ اعتبار آتا ہے
چاہے مشہور نے ناک ہی کٹوائی ہو

کالی روشنی کا چراغاں ہے چار سُو
اندھی لال ٹین جیسے صحن میں لٹکائی ہو

اظہر بکھر رہا ہے لطف انجمن کا
میرے ہجوم کا جیسے ثمر تنہائی ہو

☆ عُسرت: غُربت ☆ تردامنی: گنہگاری ☆ صواب: بدلہ

☆ پردۂ روزن: روشن دان کا پردہ (یہاں اس سے مراد گھر کی خاتون ہے)۔ ☆ سوختہ: جلا ہوا

غزل

مجھے اپنا نُطق رِہا چاہیے
مجھے ظالموں سے پناہ چاہیے

ہر ظالم کے ہر اک ظلم کا
مجھے سقّہ گواہ چاہیے

ظالم کے چہرے پہ دکھانے کو
اس کا ہر ظلم، ہر گناہ چاہیے

مجھے یہ زندگی گوارہ نہیں ہے
مجھے ہر خوشی با وفا چاہیے

نفرتوں کی ہانڈیاں اچھلتی ہوں جہاں
مجھے ایسا ہر تندور تباہ چاہیے

وفا پہ سزا مجھے قبول نہیں
مجھے جرمِ وفا مباح چاہیے

مہذّب ہو تہذیب یہ ضروری ہے
مجھے ہر نظر با حیا چاہیے

حسد، کینہ، بغض، بد دیانتی
مجھے ختم ہر اک وبا چاہیے

محبت، موّدت، ارادت، عقیدت
مجھے ہر قرض ادا چاہیے

میرے غبار کو بھی نصیب ہو تمیز
مجھے ادب سے ایسا نباہ چاہیے

☆ سقّہ: پکّا/ مستند ☆ مباح: حلال ☆ موّدت: مروّت ☆ نُطق: بولنے کی قوت

غزل

کوتاہ قد لوگ شوریدہ تھے مگر
میں باوقار رہا، میں باوقار تھا

بوڑھے ہو گئے میرے سائے میں وہ سب
مرے ذرّے چگنے کا جنہیں انتظار تھا

گرہن زدہ رہا مرا وقت عمر بھر
ملفوفِ تیرگی موسمِ بہار تھا

سینہ چیر طوفان زور دار تھے
گمشدہ کہیں میرا قرار تھا

نہ کوئی دوست میرا مشیر تھا
نہ کوئی باوفا یارِ غار تھا

میرے پھونکنے کو بنے وہ دیا سلائی
جن چہروں سے مجھے بہت پیار تھا

جن غنچوں کی آبیاری اپنے لہو سے کی
ان کا آلودہ جوبن بہت ناگوار تھا

میری کھیتی تو محض ایک پتھر تھا
جو بہت بدبودار تھا، بہت ناہنجار تھا

☆ کوتاہ قد: ٹھگنے/بونے ☆ ملفوف: لپٹا ہوا ☆ ناہنجار: شرارتی

وقت کی دین

میرے ماتھے کی سلوٹیں مجھے وقت کی دین ہیں
ہجوم میں یہ خلوتیں مجھے وقت کی دین ہیں
میری تنہائی کا عنوان ہے تعلق پسر و پدر
تنہائی کی یہ فرصتیں مجھے وقت کی دین ہیں
گراں مایہ دولت کی میری آنکھیں امین ہیں
آنسوؤں کی یہ ندرتیں مجھے وقت کی دین ہیں
میرے پپوٹے جھڑ گئے جن کو لگی آگ بجھاتے
انہی لوگوں کی تمازتیں مجھے وقت کی دین ہیں
مجھ پہ ضرب کناں ہیں میرے وجود کے حصے
محبتوں کی یہ اجرتیں مجھے وقت کی دین ہیں
وہ جنہیں نسبت میری ہڈیوں تک سے ہے
انہی کی مجھ پہ جرأتیں مجھے وقت کی دین ہیں
میں بے ریائی اور وفا داری کا مجرم ہوں
بے وفائی کی نفرتیں مجھے وقت کی دین ہیں
اک عشرۂ حیات جن کے عیوب میں نے ڈھانپے
اُنہی کی آلودہ نیتیں مجھے وقت کی دین ہیں

☆ ندرتیں: خزانے ☆ تمازت: تپش (یہاں مزاج کی گرمی مراد ہے)
☆ ضرب کناں: ضرب لگانے والے/چوٹ پہنچانے والے

میرے بچے!

میرے بچے تیرا باپ ہوں میں
تیرے لہو کا ناپ ہوں میں

تیرا بابا، تیری پہچان ہوں میں
تیرا تعارف، تیری زبان ہوں میں

تیری آنکھوں میں میرا عکس ہے
تیری ذات میرا شخص ہے
تو میرے وجود کا اِستعارہ ہے
تو رحمتِ خدا کا اشارہ ہے

میرا غم، میرے اندیشے، میرا ضبط
تیری قلقاریاں، ترے قہقہے، تجھ سے ربط

تیری جدائی کے سبھی زخم
میرے جسم و جاں پر ہیں رقم
کبھی مل کہ تجھ کو دکھا سکوں
میں اپنے زخم گِنا سکوں
کبھی مل کہ تجھ کو نبھا سکوں
کہ میں تیرے ناز اُٹھا سکوں

تیرے دیو، تیرے جن، تیرے عفریت
میں تیرے ڈر مٹا سکوں

تجھے دُنیا سے مِلا سکوں
تیری ہمت میں بڑھا سکوں
تجھے مکاں، لا مکاں سکھا سکوں
تجھے باشعور بنا سکوں
مجھے مل کہ تجھ پہ لُٹا سکوں
میں تجھے محبت سکھا سکوں

مجھے مل میرے جگر کے گمشدہ ٹکڑے
میں میری ذات میں پیوند لگا سکوں
تیری طرف آتا ہوا ہر ایک پتھر
میں ماتھے پہ اپنے سجا سکوں
میں کھلکھلا سکوں، چہچہا سکوں
میں تیرے غم مٹا سکوں

معلوم تیری ماں کی خیانت ہے مجھ کو
سکھائی گئی میری اہانت ہے تجھ کو

میرے بچے! تری محبت اُدھار ہے مجھ پر
یہ اداسی، یہ اشک سنگھار ہے مجھ پر

میرے بچے! میرے ضبط کا جنون ہے تُو
میرے بچے! میری زِیست کا ستون ہے تُو

☆ عفریت: بھوت ☆ رقم: تحریر ☆ استعارہ: مانند/مثل/مساوی ☆ قلقاری: بچے کی ہنسی

باب سوّم

نظمیں

اِک زندگی اور

مجھے امن و آشتی کا دور چاہیے
مجھے اِک زندگی اور چاہیے
جو کھو گیا ہے وہ طور چاہیے
مجھے اِک زندگی اور چاہیے

غلطیاں سدھارنے کو
محنتیں نکھارنے کو
قسمتیں سنوارنے کو
محبتیں اُبھارنے کو
مجھے اِک زندگی اور چاہیے
مجھے خوشی کی طرف لگانی دوڑ چاہیے
مجھے اِک زندگی اور چاہیے

وقت کو سمجھنے کو
درد کو سمجھنے کو
دھار کُند کرنے کو
راہ کو بدلنے کو
مجھے اِک زندگی اور چاہیے
مجھے سننا پرندوں کا شور چاہیے
مجھے اِک زندگی اور چاہیے

بند در کھولنے کو
سب دکھوں کو گھولنے کو
سب غموں کو تولنے کو
پتھروں کو رولنے کو

مجھے اِک زندگی اور چاہیے
مجھے دیکھنا ختم ظلمِ و جور چاہیے
مجھے اِک زندگی اور چاہیے

☆ آشتی : امن ☆ گُند کرنا: موڑ دینا (زور توڑ دینا)

فطرت اور زندگی

اپنی تقدیر انسان سے مٹائی نہیں جاتی
جتنا چاہے رگڑ لو یہ لکھائی نہیں جاتی

اپنے پیٹ کی آگ جلاتی ہے انسان کو
اِنسان سے یہ آگ بجھائی نہیں جاتی

لوگ حاسد ہوتے ہیں طبیعتاً
حسد کی چنگاری سلگائی نہیں جاتی

بد ذات ہوا کرتے ہیں بدمعاش لوگ
شریف سے آستین چڑھائی نہیں جاتی

چند آہوں ، سسکیوں اور آنسوؤں کی خیر ہے
جفا کاروں پہ عمر بھر لٹائی نہیں جاتی

تعلق حیثیت سے بلند ہوتے ہیں
تعلق میں حیثیت جتائی نہیں جاتی

کم ظرف نہ جانے چلن عالی نسبوں کا
ہر جگہ اوقات دکھائی نہیں جاتی

شرافت انسان کے خون میں ہوتی ہے
یہ وہ دولت ہے جو چرائی نہیں جاتی

گر بات چلانے کو ذات بیچنی پڑے
اظہر سے یوں بات چلائی نہیں جاتی

☆ جفا کار: بے وفا

کاروبار

لوگ سمجھتے ہیں کتاب بیچتا ہوں
وہ نہیں جانتے ،خواب بیچتا ہوں

دیکھ کر زبانیں بے لگام
ہونٹ سینے والے نقاب بیچتا ہوں

مہوشوں کی برہنہ اداؤں کا شکریہ
میں صنفِ کرخت کو جلباب بیچتا ہوں

بدظن کر دیا میرے گاہکوں کو لوگوں نے
یہ کہہ کر کہ میں عذاب بیچتا ہوں

میرا بچپن لوٹ لیا سنجیدگی نے
میں مصائب و آلام کو شباب بیچتا ہوں

میرے آسمان کی کوکھ میں کوئی تارا نہیں ہے
میں اپنے ذوق کا آفتاب بیچتا ہوں

وفاؤں اور خلوص پر در بند ہو گئے
سو میں اب اِن کے لیے باب بیچتا ہوں

دھوکہ کھائے معصوموں کے لیے
وفادار گھوڑے اور رکاب بیچتا ہوں

سُن لے وفاداری کے جرم کا ہر مجرم
میں جفائیں جھیلنے کا ثواب بیچتا ہوں

کوئی خرید لے مجھ سے میرا پھٹا ہوا ماضی
میں یہ اثاثہ بلا قیمت جناب بیچتا ہوں

☆ صنفِ کرخت: مرد ☆ جفائیں: بے وفائیاں ☆ جلباب: نقاب

سوال پوچھ لو

حوصلے کا سُر اور بے خوفی کی تال
کسی نوخیز نوجوان سے پوچھ لو
گندم کی سنہری ڈالیوں کی قیمت
کسی شرابور دہقان سے پوچھ لو

ماتھے کے پسینے کی بوندوں کا وزن
کسی پژمردہ و پریشان سے پوچھ لو
صلح کی دشمن انا کا بھاری پن
کسی مسئلے کے خائفان سے پوچھ لو

پیٹ پھاڑتی ہوئی بھوک کی شدت
کسی سائل کے اٹھے ہوئے دامان سے پوچھ لو
بے وقعت کتنی ہے یہ فانی دنیا
کسی مرے ہوئے رئیس کے سامان سے پوچھ لو

آزادی کے احساس کا نشہ و سرور
پیٹ کے بل رینگتے غلامان سے پوچھ لو
نیند توڑنے والے سجدوں کی لذّت
کسی قائم اللّیل باایمان سے پوچھ لو

قد اتنا بڑا کرو کہ تم خود
کئی سوال اپنے امتحان سے پوچھ لو
جو خود نہ کر پاؤ کسی سمسّیا کا حل
تو فوراً کسی بُدھی مان سے پوچھ لو

کائنات کی وُسعت کے گہرے راز
جو جاننا چاہو، عالمان سے پوچھ لو
اظہر تم خام ہو ، کامل ہونے کا گُر
جوتیوں میں اُن کی بیٹھ کر کاملان سے پوچھ لو

☆ پژمردہ: پریشان ☆نوخیز: نوجوان

سادگی

جو جرم نبھایا میں نے عمر بھر
میں نے وہ جرم کیا ہی نہیں

مجھے کیا معلوم خلوص کی قیمت
دوستوں نے مجھے دیا ہی نہیں

تڑپنے کا مزہ وہ کیا جانے
جس نے یہ مزہ لیا ہی نہیں

حقیقت نہیں بوکھلاتی مجھے
میں نے تو جام پیا ہی نہیں

گھونپا چھرا اور غائب ہوئے سب
میں نے کسی کا نام لیا ہی نہیں

کئی برس میرا خون رِستا رہا
زخم کسی نے سِیا ہی نہیں

میں نہیں تھا تو سب خوش ہو گئے
میرا اِنتظار کسی نے کیا ہی نہیں

ہوا میں یہ اداسی کیوں ہے
ہوا نے تو زہر پیا ہی نہیں

خسارہ ہوا زندگی میں مجھے
اپنا غم کسی کو دیا ہی نہیں

نجانے زندگی رنگیں ہے کیسے
میں نے تو کوئی رنگ جیا ہی نہیں

مجھے رِندوں کی ٹھوکریں راس ہیں
نیکی ہے میرے پاس، رِیا ہی نہیں

یا تو مجھے خلل ہے دماغ کا
یا لوگوں میں حیا ہی نہیں

کس سے کہتا قصۂ دردِ نزاع
طبیب کوئی مِلا ہی نہیں
تمنائی آنکھیں بجھ گئیں میری
ہاتھ میرا کسی نے لِیا ہی نہیں

سنگ و خشت میرا طریق نہیں
مجھے یہ جہاں جچا ہی نہیں
کلفتیں میرے دل پہ نقش ہیں
اُلفتوں کا مجھے پتا ہی نہیں

دھوکہ ہے سچ میری حیات کا
دھوکے سے بڑی بلا ہی نہیں
پتھروں نے مجھے اپنا لیا ہے
اور کوئی دوست بنا ہی نہیں

روشنیاں اندھیری ہیں میری
میرے دنوں میں مزہ ہی نہیں
ایک خنجر میری شہ رگ پہ رہا
میں اپنے ماہ و سال جیا ہی نہیں

☆ رند: گناہ گار ☆ خشت: اینٹ ☆ کلفتیں: تکلیفیں ☆ طریق: راستہ

مٹی کے پُتلے

مٹی پر اکڑتے مٹی کے پُتلے
مٹی کے نیچے جانے سے ڈرتے ہیں

مٹی میں رہتے مٹی کا کھاتے
مٹی کی کھاد بن جانے سے ڈرتے ہیں

مٹی کے بنے گھروں کے باسی
مٹی کے گھر میں جانے سے ڈرتے ہیں

مٹی پکاتے، مٹی اُڑاتے
مٹی میں پک جانے سے ڈرتے ہیں

مٹی کا کیچڑ اُچھالتے پُتلے
مٹی کا کیچڑ بن جانے سے ڈرتے ہیں

مٹی کو صاف کرتے یہ پُتلے
مٹی سے صاف ہو جانے سے ڈرتے ہیں

کھنکتی مٹی کے کھوکھلے پُتلے
مٹی کا رزق بن جانے سے ڈرتے ہیں

مٹی کی مٹی پلید یہ کریں
اپنی مٹی پلید ہو جانے سے ڈرتے ہیں

مٹی کو جھاڑیں مٹی کو ماریں
مٹی میں مٹی ہو جانے سے ڈرتے ہیں

تنہائی

دفتر کھول کے بیٹھے ہیں
چار دیواریں، چھت اور میں
سب کچھ رول کے بیٹھے ہیں
چار دیواریں، چھت اور میں
اب سر جوڑ کے بیٹھے ہیں
چار دیواریں، چھت اور میں
خاموشی بول کے بیٹھے ہیں
چار دیواریں، چھت اور میں
پول کھول کے بیٹھے ہیں
چار دیواریں، چھت اور میں
لوگ ٹٹول کے بیٹھے ہیں
چار دیواریں، چھت اور میں
کلیجے ہول کے بیٹھے ہیں
چار دیواریں، چھت اور میں
کڑواہٹ گھول کے بیٹھے ہیں
چار دیواریں، چھت اور میں
ڈال ڈول کے بیٹھے ہیں
چار دیواریں، چھت اور میں
تنہائی مول کے بیٹھے ہیں
چار دیواریں، چھت اور میں

☆ ہول: دھڑکا

بھوک

اسے صرف بھرے پیٹ سے مطلب ہے
بھوک کو اڑتے پنچھیوں سے کیا
تیرتی مچھلیاں، دوڑتی بکریاں، شور مچاتے چشمے
بھوک کے کچھ نہیں لگتے

بھوک بھلا دیتی ہے اپنے پرائے کا فرق
بھوک بھیج دیتی ہے سب ذائقوں کو نرک

اسے صرف بھرے پیٹ سے مطلب ہے
بھوک کو کڑکتی بجلیوں سے کیا
پیٹ کے تندور کی آگ جھلسا دیتی ہے لطیف خیال
چلچلاتی دھوپ، برستی برف، قوسِ قزح
بھوک کے کچھ نہیں لگتے

بھوک ہٹا دیتی ہے سب پردے شرم و حیا کے
بھوک رُلا دیتی ہے سب نکتے عشق و وفا کے

اسے صرف بھرے پیٹ سے مطلب ہے
بھوک کو بلکتے بچپن نہیں دکھتے
جھریوں کے جھرنے، گھٹنوں کی کپکپاہٹ
بھوک کے کچھ نہیں لگتے

بھوک بٹھا دیتی ہے مہاجن کو مقروض بنا کر
بھوک سِدھا دیتی ہے شیر کو مجبور بنا کر

اسے صرف بھرے پیٹ سے مطلب ہے

☆ مہاجن: قرض دینے والا

نصیحت

مجھ سے اک نصیحت سنو
کبھی جو تم دھنک کے رنگ دیکھنا چاہو
تم نغمہ سننا چاہو پتوں کی سرسراہٹ میں
تم ہوا کو گنگناتا محسوس کرنا چاہو
تم جو چاہو کہ ریت کے ناچتے ذرّے تمہارا طواف کریں
ہر راہگیر تمہیں ہنستا دکھے
ہر منظر تمہاری آنکھوں کی خاطر سجی ہو جائے

تو یاد رکھنا
آنسوؤں کو آنکھ کے کٹورے میں سمونا ہو گا
بھنوؤں کی باڑھ سے پسینے کو روکنا ہو گا
لبوں کو ہنسنا سکھانا ہو گا
آنکھوں نے خوابوں کو اپنانا ہو گا
اور سب سے بڑھ کر...... خیال رکھنا
اپنی یادیں چھان لینا، مبادا کوئی زخمی لمحہ
تمہاری مسکراہٹوں میں چھید کر...... آنسوؤں کو رستہ نہ دے دے

☆ مبادا: کہیں ایسا نہ ہو

مختصر دُنیا

مختصر حیات کے مختصر تحفے
خوشیوں کی کیوں نہ میں نذریں اُتار لوں؟
مختصر رات کی مختصر نیندیں
نیندوں کو کیوں نہ میں پورا گزار لوں؟
مختصر خوابوں کی مختصر امیدیں
یادوں کو کیوں نہ میں تھوڑا نتھار لوں؟
مختصر لوگوں کی مختصر سوچیں
خیالوں کی کیوں نہ میں نوکیں بگھار لوں؟
مختصر جان کی مختصر متاع
لہو کی کیوں نہ میں بوندیں پکار لوں؟
مختصر وجود کے مختصر زاویے
کیسے میں امید کی ٹانگیں پسار لوں؟
مختصر دُنیا کی مختصر اوقات
کیسے میں اک حیات میں صدیاں گزار لوں؟

☆ بگھارنا: تڑکا لگانا ☆ متاع: خزانہ ☆ پسارنا: پھیلانا

الفاظِ باتمکین

درندے، چرندے، شجر حجر، طائرین
عاجزین، تائبین، ساجدین، مؤحدین
ناقدین، غافلین، عاجلین، تساہلین
عاقلین، مشاہدین، کوتاہ نظر ناطقین
کُل عاشقین، شائقین، شاہدین، ناظرین
فی ھذہِ الدُّنیا ہیں پناہ گزین بالیقین
فنکاریٔ عالمِ حسین، دلپذیر و جاگزین
تجاہلِ پیروان دین، آفرین آفرین
سب قائدین، سب نائبین، ادنیٰ ترین
عاشقانِ ہاؤ ہو، محبّانِ رنگ و بُو
نوجواں دریدہ دہن، خیرہ پرست، خیرہ گزیں
من حیث المجموع شباب کوتاہ قد، کوتاہ بیں
تکریم و تہذیب ہوئے عسرت گزیں
سب ثانیئے، سب زاویے بے ہودہ و لعین
خود غرض، موقع پرست، جونک صفت، دوربین
مصاحبین اجمعین مار ہائے آستین
غافلین، تائبین، ساجدین، زیرِ زمین
چہ اناث وچہ ذکور سب ہی ہیں عازمین
سب حاکمین، چہ اوّلین، چہ آخرین
دربارِ گاہ ایزدی فقط ساجدین
ایں زمانہ، بندہ ہائے راز ناپید است
راز دار، شاہدین، ماکرین، ناشرین

نافذ ہے یہ بالیقین، حکم ربّ العالمین
کل مشرکین، منافقین، فی اِلاسفل السافلین

اجرامِ فلکی، اجسامِ خاکی فانی و عاجزین
ازلی است اِبدی است فقط ذاتِ مالکِ یوم الدّین

☆مؤحدین: توحید کرنے والے ☆عاجلین: جلدی کرنے والے
☆تساہلین: سُستی کرنے والے ☆کوتاہ نظر: بے وقوف
☆ناطقین: بولنے والے (مراد ہے اِنسان)
☆دلپذیر: دل لبھانے والے ☆جاگزیں: دل میں گھر کرنے والے ☆تجاہل: جہالت
☆ہاؤ ہو: فانی چیزیں ☆دریدہ دہن: بدتمیز ☆خیرہ پرست: مادہ پرست
☆خیرہ گزیں: مادہ کی محبت میں گرفتار ☆من حیث الجموع: مجموعی طور پر ☆کوتاہ قد: ٹھگنے/بونے
☆کوتاہ بیں: مستقبل سے غافل ☆تکریم وتہذیب: عزت
☆عسرت گزیں: زوال کا شکار ☆ثانیئے: وقت ☆زاویے: نگاہیں
☆جونک صفت: خون چوسنے والے ☆مار ہائے آستین: آستین کے سانپ
☆چہ اناث و چہ ذکور: کیا عورتیں کیا مرد (مطلب سب لوگ)
☆عازمین : مسافر ☆چہ اوّلین: چاہے پہلے والے
☆چہ آخرین: چاہے آخر والے ☆ایں زمانہ: آج کل
☆بندہ ہائے راز: راز دار لوگ ☆ناپیداست: موجود نہیں
☆ازلی است: ازل سے ☆ابدی است: ابد تک

بابِ چہارم

قطعات

قطعہ

عجب رشتہ ہے صیاد و صید کا
دونوں ہی آہنگ بلند کر چکے ہیں
صیاد خوشی سے مخمور ہے کہ
صید قفس کو پسند کر چکے ہیں

قطعہ

اُس سماج میں کیسے آئے وسعت خیالِ جہاں
باعزت کہلاتے ہوں چھوٹے ذہنوں والے لوگ
کیسے کریں راہ بری راہروؤں کی؟
کم ظرف ، انا پرست، ٹھگنے، بونے ،کالے لوگ

قطعہ

انصاف بانجھ ہے میرے سماج میں
عیال داری ہے ظلم کے مزاج میں
میں گھِر گیا ہوں ایسے لوگوں میں
بے حسی شامل ہے جن کے اناج میں

☆ صیاد: قید کرنے والا ☆ صید: قیدی ☆ قفس: پنجرہ
☆ آہنگ: یہاں نعرہ کے معنی میں استعمال ہوا ہے ☆ عیال داری: بڑا گھرانہ

قطعہ

ہم انسانوں کے چیتھڑوں پہ بے حس ہیں
لہولہان جنگلوں کا ماتم کون کرے؟
لالچی لوگوں کو جلتی ہوئی دنیا سے کیا؟
چکا چوند چھوڑ کے سبزے کا لالچ کون کرے؟

قطعہ

پانی کا گریبان پکڑا ہے کسی نے؟
ریت کو مُٹھی میں جکڑا ہے کسی نے؟
ہم سب وقت کے قیدی ہیں دوست
وقت کی قید کو جھٹکا ہے کسی نے؟

قطعہ

ڈوبتے سورج کا پیغام ہے سنو
گراں مایہ وقتِ نیلام ہے سنو
اُس کی سرخی میں بھی اداسی ہے
شامِ غم کا جام ہے سنو

قطعہ

سسکتے بلکتے معصوم لوگ
ٹھرّا سے گئے ہیں تہہِ سوگ
سُرخ رنگتیں سنولا گئی ہیں
نصیب نے پہنایا انہیں جبّۂ جوگ

قطعہ

وقت خرچ کر کے اپنے ساتھ بے مکان کُتّا لے آئیں
اپنے مکان میں پھر کتّے پہ وقت خرچ کریں
لوگ وقت اور مکان میں اسراف کیوں کریں
عقل کو لگائیں عینک، کتّے کو خرچ کریں

قطعہ

فقط ایک ہی چیز کا خمار طاری ہے
پورے سماج پہ پیسے کا پیار طاری ہے
یہاں سب لوگ بہت خوش ہیں میاں
تم پہ کس غم کا ادھار طاری ہے

قطعہ

اس کا وقت ابتر ہوتا ہے
خالی انسان کھنڈر ہوتا ہے
بیکار ہیں آسمانی دھنک کے رنگ
موسم اِنسان کے اندر ہوتا ہے

قطعہ

اس قدر تعّفن لہجوں کا سہا ہے
گلے سڑے پھل مجھے کچے نہیں لگتے
بے ہنر، نااہل بے ضرر ہوتے ہیں
جھوٹے، منافق اچھے نہیں لگتے

بابِ پنجم

غزلیات

غزل

دنیا کے کہے سے بری ہو گیا ہوں
اب میں اتنا سخی ہو گیا ہوں

حسرتوں کا سمندر سما سکتا ہوں خود میں
مشکلات کے ہاتھوں وسیع ہو گیا ہوں

پہلے ہر کام غلط کیا کرتا تھا
فکر چھوڑ دی میں نے صحیح ہو گیا ہوں

اتنا مضبوط ہو نہ پاتا میں
دھوکے جو کھائے قوی ہو گیا ہوں

اظہر اس زندگی سے لڑتے لڑتے
میں اپنے آپ سے غنی ہو گیا ہوں

غزل

نہ چھیڑ میرے احساسات کے سمندر کو
نجانے کیا کیا حسرتیں سو رہی ہیں تہہِ آب
میں کبھی جرأت نہیں کرتا اسے کھولنے کی
میرے بس میں نہیں پڑھنا یہ کتاب
کچھ لوگ معاشرے کا ناسور ہوا کرتے ہیں
لیکن کہا کرتے ہیں اپنے تئیں عزت مآب
بڑھاپے میں زُہد کا دکھاوا کرتے ہیں
چاہے جتنا مرضی داغ دار ہو شباب
گرم جوشی ختم ہو گئی ہے تعلقات سے
ہر اک شخص جیسے بن گیا ہو برفاب
کسی کی چال کوئی سند تھوڑی ہے
نجانے باآبرو ہے بے آبرو ہے پسِ جلباب
یہ دن تاریک راتوں کی طرح ہیں
پردے میں ملفوف ہے میرا آفتاب
اظہر لوگ جھوٹ پر زندگی جیا کرتے ہیں
سچ سننے کی یہاں کسی میں نہیں تاب

☆ برفاب: برفیلا (مطلب بے حِس) ☆ جلباب: نقاب ☆ ملفوف: لپٹا ہوا

☆ زُہد: عبادت گزاری ☆ تاب: جرأت/استقامت

غزل

گزشتہ شب شیشے میں دیکھا جو اپنا عکس
گھبرا گیا میں دیکھ کر سہما ہوا اک شخص

بلاشبہ اس دنیا نے چھینا ہے مجھ سے سب
یہ دنیا تماشا نہیں میرے لیے ہے دشت

سنا تھا پھوٹتی ہے تعلق سے گرم جوشی
دیکھا ہے زندگی میں اس کے بالکل برعکس

میرے جذبۂ خلوص نے دھوکہ دیا مجھے
لوگوں نے مجھے روند دیا ہے مانندِ رَخش

میرے صحن میں آ کے بیٹھی ہیں مایوسی اور ویرانی
اِن دونوں نے کر لیا ہے میرا سکون سلب

یوں چھید ہوئے ہیں سینے میں کہ جگہ نہیں بچی
دشوار ہو گئی ہے دھڑکنے کی مشق

جنم ہوا ہے کرب کا میرے مردہ حوصلے سے
میں اس لاش میں ڈھونڈتا پھرتا ہوں اپنا نفس

مجھے مشغول نہ کر پائی ہے یہ مکروہ دنیا
میں نے ہمیشہ جھٹکا ہے اس بڑھیا کا دست

کئی زہریلے لوگوں نے پنجے مجھے مارے ہیں
مجھے گرانے لائق وہ لگا نہ پائے ضرب

وعدہ کرنے والوں نے نبھایا نہیں ہے ساتھ
کندہ ہے میرے ہاتھ پر اِن لوگوں کا ظرف

اظہر میں ناآشنا رہا لمسِ وفا سے
میں اس بیکار دنیا پہ بھیجتا ہوں چار حرف

☆ رَخش: گھوڑا ☆ کندہ: کھدائی کیا ہُوا ☆ کرب: غم ☆ لمس: یہاں شناسائی کے معنی میں استعمال ہوا ☆ سلب کرنا: چھین لینا ☆ چار حرف: لعنت

غزل

یوں دھندلا گیا ہے مناظر کا عکس
یہ جہاں مجھے سراب لگتا ہے

یہاں جینا؟ اور خوشگوار جینا؟
کسی دیوانے کا خواب لگتا ہے

طلوعِ آفتاب ہو گا اُمید کسی اور کے لیے
مجھے تو سارا جیون عذاب لگتا ہے

دھوکے بازی و مکاری و فریب کاری
مجھے سفید پوشی کا جواب لگتا ہے

گئے وقتوں کے چوروں کا پڑھا سبق
زمانے کے رئیسوں کی کتاب لگتا ہے

تر دامنی سمیت معزز ہوئے لوگ
خائن یہاں کا ہر نواب لگتا ہے

ہو چکے ہیں لوگ بے باک اِس قدر
جھانکنا اِن کو ثواب لگتا ہے

گلا سڑا معاشرہ ہے دے رہا تعفّن
کسی شراب نوش کا لعاب لگتا ہے

دور سے نظر آنے والا لٹیرا
قریب جا کے عزت مآب لگتا ہے

اظہر اس اذیت کا نوحہ خواں
ہے نہیں پر جناب لگتا ہے

☆ سراب: غیر حقیقی ☆ تر دامنی: گناہوں کی کثرت

غزل

معلوم ہی نہ تھا کہ بگاڑ چہرے میں ہے
میں صاف کرتا رہا آئینے کا غُبار

مجھے بھا گیا ہے وفا کے پتھروں پہ چلنا
میرا نہیں منافقت کے سفر پر اِصرار

میں باغی ہوں متعصّبانہ قدروں کا
میں اس گھناؤنے جرم کا کرتا ہوں اقرار

میری خوش فہمیاں اس معاشرے سے تھیں
گنتی سے دور، لاتعداد و بے شمار

تیزاب زدہ چہرہ میرے سماج کا
لوگوں کی کارستانیوں کا ہے اِشتہار

جو چلن ہے آج کل مطلب پرستی کا
میری طبیعت اس چلن سے ہے بیزار

اسے خبر نہ تھی میں دور جا چکا ہوں
بے وفا کرتا رہا وعدۂ وفا کی تکرار

اظہر کی تکلیف ہے یہ کثیف ماحول
اسی تکلیف سے لبریز ہیں اس کے اشعار

☆ متعصبانہ: تفریق کرنے والی ☆ کثیف: آلودہ

غزل

مزاج نہیں درست میرے عزت مآب کا
چغلی یہ کھا رہا ہے چہرہ جناب کا
دیکھ کر آپ کو پڑھ لیا ہے میں نے
چوپٹ صفحہ یہ پورا کھلی کتاب کا
مخمور ہو جائے کوئی دیکھے جو ایک بار
چہرہ نہیں یہ بلکہ جام ہے شراب کا
آپ کا سراپا یوں آنکھوں میں نقش ہے
نگینہ بن گیا ہے سراپا حباب کا
مجھ سے مَس ہوا ہے تصور سرور کا
سرور دیدارِ بے حجاب شباب کا
خود بخود ہونٹ گنگنانے لگے
کانوں میں جو گونجا سُر رباب کا
سب اثاثۂ محبت پھونک ڈالا میں نے
خیال تک نہ آیا کسی حساب کا
اظہر کبھی مقابل جو شمس ہوا اُن سے
دھندلا گیا ہے جوبن آفتاب کا

☆حباب: بُلبلہ

غزل

میں نے کب کہا غم ناپ لیتا ہوں؟
میں تو بس آنسوؤں کی بھاپ لیتا ہوں

جب لگے بھوک اخلاص و محبت کی
فوراً دو چار طعنے پھانک لیتا ہوں

جب برداشت ختم ہونے لگے میری
اپنی بانہوں میں گاڑ دانت لیتا ہوں

مجھے جلانے کو ایندھن ضائع مت کرنا
میں نرم غذا ہوں، ہلکی آنچ لیتا ہوں

یا تو ظلم کھینچ لیتا ہے مجھے اپنی جانب
یا پھر میں بے وفائی بھانپ لیتا ہوں

نجانے کیوں کر چہرہ شناس ہو گیا ہوں
آنکھیں دیکھ کے درد جانچ لیتا ہوں

ویسے تو کمزور جسم ہوں میں
اور ویسے سدِّ آزار ٹاپ لیتا ہوں

اظہر جرأت مند ہوں میں ظلم کے مقابل
اور اپنے رب کے سامنے کانپ لیتا ہوں

☆ سدّ: رکاوٹ

غزل

میں ضرور اپنی عمر گروی رکھ دوں
مجھے اگر وفا کی ضمانت ہو

کوئی نہیں گنوائے وقت اس دنیا پر
اگر معمولی سی بھی ذہانت ہو

مجھے گوارہ ہے اِنتظار کی کوفت بھی
جانے والے میں گر ذرا سی بھی دیانت ہو

سب کچھ لٹا کے بھی میں نے سنبھالا وعدے کو
کہ ہے حقیقی نقصان جو اس میں خیانت ہو

اس اکیلی سنجیدگی کا کچھ حاصل نہیں
مدِّمقابل میں بھی تو متانت ہو

معاشرے نے برباد ہی ہونا ہے
جب مادیّت پیمانۂ فطانت ہو

انہیں جنگلوں میں رہنے دیا جائے
بے وقوف باشعوروں کو اتنی تو رعایت ہو

چیلوں ، کوؤں اور گِدھوں سے فضا معمور ہے
بے حس معاشرہ جیسے ان کی ضیافت ہو

☆ فطانت: عقلمندی ☆ کوفت: تنگی ☆ مادیت: مادے سے لگاؤ

غزل

ہر کالک سیاہی نہیں ہوتی
کالے ہاتھ کالے دل سے اچھے ہیں
محبت من چاہی نہیں ہوتی
اچھے دن اچھی مے سے اچھے ہیں
مروّت روسیاہی نہیں ہوتی
سچے لفظ سفید جھوٹ سے اچھے ہیں
امارت بادشاہی نہیں ہوتی
میٹھے بول میٹھی کھیر سے اچھے ہیں
سعادت چھپ کے پائی نہیں ہوتی
اچھے کرم اچھے بھرم سے اچھے ہیں
شرافت چوٹ کھائی نہیں ہوتی
زخمی دل زخمی ہاتھ سے اچھے ہیں
ضیافت شہنشاہی نہیں ہوتی
سکھی دل بھرے پیٹ سے اچھے ہیں
بصارت نابینائی نہیں ہوتی
روشن ضمیر روشن آنکھ سے اچھے ہیں

☆روسیاہی: بدنامی

غزل

زندگی نہ کہ غم و خوشی کا حساب ہے
یہ تو بس اعمال کی کتاب ہے
لوحِ سیاہ پر درج ہے کوئی پیرانہ سالی
کسی کے شباب میں اِنقلاب ہے

کوئی سراپا نحوست و عذاب ہے
کوئی بنا برہنہ آفتاب ہے
تکلیف و آزردگی کے دور میں
خوشی کی فرصت محض خواب ہے

رشتے مقوّی ہوا کرتے تھے کبھی
ابھی وقت ہے کہ تعلق عذاب ہے
بے ننگ و نام تو باعثِ تپش تھے ہی
شرفاءِ کا نہ اب بھی کوئی سحاب ہے

بارسوخ ٹھہرے ہیں ناہنجار لوگ
جن کی بدصورتی بانقاب ہے
حاسد و کینہ توز جواب دیں ذرا
بد خواہی بھلا کون سا ثواب ہے

ہمت ہے تو امکان کی دنیا تراش لے
رات پکارتی ہے یہی دن کا خطاب ہے
مگر باہمت لوگ معاشرے میں کم ہیں
عوام کی کثرت میں نہیں اتنی تاب ہے

کسی کو سورج بھی باوقار دیکھتا ہے
کسی کی تیرگی بھی بے حجاب ہے

رِند کی شراب بوتل میں بند ہے
زاہد کا خُمار اُس کی شراب ہے

انسان نحیف و ناتواں پُتلا ہے
لالچ جس میں پیوستۂ لعاب ہے

اِس کی زندگی مانند حباب ہے
اِس کی کج فہمی ذلالت مآب ہے

اظہر بے نُطق سے اچھے ہیں سارے لوگ
سب باآواز ہیں یہ باکتاب ہے

☆لوح: تختی ☆ پیرانہ سالی: بزرگ عمر ☆مقوّی: قوت بخش ☆ سحاب: بادل
☆ تیرگی: اندھیرا (مراد تنہائی، رات کا وقت) ☆ بے نطق: گونگا
☆ کینہ توز: بدلے کا خیال دل میں پالنے والے ☆ ناہنجار: شرارتی ☆ تیرگی: اندھیرا

غزل

وحشی درندے باہر نکلتے ہیں
میں اور تُو روزنوں میں دُبکتے ہیں

خوف نے سراسیمہ کر دیا بچوں کو
نہ چیختے ہیں نہ بلکتے ہیں

بے روح و بے جان آنکھوں میں
مایوسیوں کے جہنم دہکتے ہیں

روز سورج بلا وجہ نکل آتا ہے
روز اندھیروں کے دیگچے اُلٹتے ہیں

بے چینی نے سوچ کے تاروں پہ چوٹ کی
میرے خیال سوالوں میں بھٹکتے ہیں

جن لوگوں نے جینا حرام کیا ہے
نجانے کہاں سے آ ٹپکتے ہیں

کچھ لوگ اپنے آنسو نگلتے ہیں
کہیں پہ خون کے جام چھلکتے ہیں

اِتنا جلد لوگ بات نہیں بدلتے
جتنا جلد لوگ نیت بدلتے ہیں

گھٹن سے سینے جکڑا گئے ہیں
وحشت سے دِل اچھلتے ہیں

اظہر میرے خواب اس ماحول کے نہیں
یہ میرے خوف سے آگے چلتے ہیں

☆ روزن: روشن دان

غزل

مجھ سے بے راہ میرے افکار نہ کر دے
یہ دنیا مجھے بے زار نہ کر دے

تجھ سے کہنا چاہتا ہوں قصۂ درد
ڈرتا ہوں کہ تو انکار نہ کر دے

بے وقعت لوگوں کا اژدھام
کہیں میری حیات بے کار نہ کر دے

شاگرد کا ہُنر پوشیدہ رہے گا
جب تک اُسے استاد آشکار نہ کر دے

میرے روزگار کا طریق پریشاں ہے
اس بے ڈھب کو کوئی شاہکار نہ کر دے

ترا عشق جنوں بن کے ظاہر نہ ہو کہیں
کہیں یہ فعل مجھے ریاکار نہ کر دے

مجھے پابۂ زنجیر کرنے والو!
پریشاں تمھیں میری جھنکار نہ کر دے

اظہر بلند آہنگ ہے ترا خیال
دیوار کو شق تری چھکار نہ کر دے

☆ اژدھام: ہجوم ☆ شق کرنا: توڑ دینا
☆ بے زار: اکتایا ہوا ☆ آہنگ: یہاں اونچے سُروں کے معنی میں استعمال ہوا ہے

غزل

کہتے تھے "مجھے آزما" دونوں
دوست بنے میرے حدید و ما دونوں
لاینحل ہیں زمین و آسماں دونوں
کجا مکاں و لا مکاں دونوں

بھٹکتے ہیں یہاں وہاں دونوں
جن و انس فی ھذہ الدنیا دونوں
بے نطق ہیں با زباں و بے زباں دونوں
تنگ داماں ہیں جنگل و بیاباں دونوں

وجد میں ہیں رقصاں دونوں
حصہ ہیں مرا وجود و خلا دونوں
انسان کی ہستی میں ہیں بے پناہ دونوں
اس کے دشمن لالچ و طمع دونوں

بنے بے کس کا بیاں دونوں
اثر پذیر آہ و فغاں دونوں
بے لطف ہو گئے ہیں اور بے مزہ دونوں
میرے لیے اظہر گھر اور دکاں دونوں

☆ حدید: لوہا ☆ ما: پانی ☆ لاینحل: ناقابلِ حل ☆ کجا مکاں: کہاں مکاں
☆ فغاں: رونے کی چیخ ☆ وجد: بے خودی کی کیفیت

غزل

میرے خوابوں کی کرچیاں مَلال میں پیوست ہیں
جیسے زور دار ضربیں کُدال میں پیوست ہیں

میرے ماضی کے زخم حال میں پیوست ہیں
میرے آنسو میرے غم جلال میں پیوست ہیں

زہر میں بجھائے تیر چال میں پیوست ہیں
ستم اٹھائے فقیر حال میں پیوست ہیں

جیسے بہت فریب جمال میں پیوست ہیں
ویسے بہت کرب کمال میں پیوست ہیں

دونوں جہاں کے سکوں حلال میں پیوست ہیں
حرام کے سب فسوں وبال میں پیوست ہیں

اظہر میرے درد خیال میں پیوست ہیں
جیسے پاؤں فقیر کے دھمال میں پیوست ہیں

☆ حال: بے خودی کی کیفیت ☆ پیوست: چُبھے ہوئے ☆ فسوں: جادو

غزل

صبر سے نہ تمام ہوتے ہیں
بُرے لوگ بے لگام ہوتے ہیں

رشتوں کی کرچیاں چنتے چنتے
میرے بسر صبح و شام ہوتے ہیں

کچھ غم عارضی ہوا کرتے ہیں
کچھ غم برائے دوام ہوتے ہیں

دوسروں کا نوالا گننے والے لوگ
معاشرے کا زکام ہوتے ہیں

نیک لوگوں سے دو صفیں نہیں بھرتیں
بُرے لوگوں کے اژدھام ہوتے ہیں

فقط خلوص ہی فیصلہ نہیں کرتا
کھوٹ سے رشتے تمام ہوتے ہیں

میری دلجوئی کو بات شات کرتے ہیں
میرے دوست مگر ناکام ہوتے ہیں

قیمتیں مادّی اشیاء کی ہوتی ہیں
وفا و خلوص بے دام ہوتے ہیں

اظہر محبتیں جھوٹ ہوتی ہیں سب
سچ تو یہ ہے کہ دھوکے عام ہوتے ہیں

غزل

یہ جو بُرے وقت کا دھارا ہے
حسابِ عمر کا گوشوارہ ہے
سب یہیں تھا، سب یہیں ہے
نہ کچھ تمہارا، نہ کچھ ہمارا ہے
مادے کی گندی دلدل میں
ڈوبنا ہی خسارہ ہے
یہ میری ذات اِن دِنوں
تکلیف کا استعارہ ہے
مجھ جیسے آدم بیزار کو
یہ دنیا بس گوارہ ہے
لوگوں کو محل کافی نہیں
اپنا خوابوں پہ گزارہ ہے
بھروسا بے بھروسا سانس پر ہے
جو سانس ہے، اُدھارا ہے
کامیاب اس شخص کا جینا ہے
جس نے ضبط سے نفس کو مارا ہے

☆استعارہ: مانند/مثل/مساوی

غزل

سورج کا طلوع ہونا مہلت کی علامت ہے
جہالت گزیدہ سماج پر سایہ فگن ذلالت ہے
جہاں ہر اک ظالم کو ظلم کی اجازت ہے
اس آلودہ دور کی فضا ہی غلاظت ہے

ظلم کی عملداری سوچ کی نقاہت ہے
جہالت اس پہ لوگوں کی درپےءِ اعانت ہے
فی زمانہ ہر شخص خوف کی عمارت ہے
برس رہی جس پر ظلم کی تمازت ہے

پرندوں کا چہچہانا بے ریا عبادت ہے
ان کے نشیمن گرانا خرد کی شقاوت ہے
ہر ایک معصوم ذہن فردا کی امانت ہے
اس سماج کا چلن امانت میں خیانت ہے

میری بیماری فقط جسم کی خیانت ہے
غنیمت ہے مجھے حاصل سورج کی عیادت ہے
پھوٹنے سے مجھے روکتی متانت ہے
مجھے حاصل شعور کی یہ بضد وکالت ہے

ذکر میرے خالق کا دلوں کی طہارت ہے
اسی میں سکوں ہے پوشیدہ ، اسی میں حلاوت ہے
سرمد و منصور کے خون کی تلاوت ہے
سچ ہے کہ عشق میں موت بھی شہادت ہے

ہر اک زیرک شخص کی نقابت بے سماعت ہے
گنہگاروں کے دیس میں، گنہگاری ذہانت ہے

☆ شقاوت: سخت دلی ☆ سرمد: سرمد کا شانی ☆ منصور: منصور حلاج

☆ نقابت: اعلان (یہاں صلاح / نصیحت مراد ہے)

☆ حلاوت: گھل جانے کی صلاحیت (یہاں دلی سکون کی طرف اشارہ ہے)

غزل

میرے فہم کو وُسعت کی ضرورت ہے
تخلیق کے تنوع سے بات ہو گئی ہے

خیال کے نقوش بکھرے ہیں فضا میں
ہر بہتی ندی میری دوات ہو گئی ہے

صد شکر سوختہ ہوئی حُبِّ دُنیا
بامعنی میری حیات ہو گئی ہے

روشنی سے آنکھیں چندھیا رہی نادانوں کی
سمجھ نہیں رہے ہیں کہ رات ہو گئی ہے

دِن، رات کا فرق اندھیرے سے پرے ہے
واضح ہر چیز کی صفات ہو گئی ہے

شور و غل تھی دھڑکن مری عشق سے پہلے
کر لیا اس نے وضو اور نعت ہو گئی ہے

تنہائی میری ختم ہوئی کہ میری ذات
اکیلی نہیں رہی، جماعت ہو گئی ہے

میرے لفظ پہنچ رہے ہیں گریبانوں تک
میری زبان میرے ہاتھ ہو گئی ہے

یا رب دعا ہے کہ کہہ سکوں ایک دن
زمانے کے سب ظالموں کو مات ہو گئی ہے

مقامِ شکر ہو گا قیامت میں جبکہ میں
ڈُبڈُبا کر کہوں گا، نجات ہو گئی ہے

☆تنوع: تخلیق کی تمام شکلیں

غزل

گزارے ہیں کئی سال خود کو بے تاب کیے
دل نے بہتیرے دماغ سے سوال، جواب کیے
آرزوئے سکوں نے قتل میرے خواب کیے
مردہ خوابوں نے کم ظرف عزّت مآب کیے
میں نے کئی قیمتی لوگ خواب کیے
اپنے بیش قیمت شب و روز عذاب کیے
میں نے جب جب زخم بے نقاب کیے
میری آستین نے خنجر بے حجاب کیے
میری زندگی نے میرے دوست برفاب کیے
اپنوں نے تاریک میرے آفتاب کیے
حباب آنسو نے جب رخسار سیراب کیے
میں نے یادوں کے کئی باب تہہٴ آب کیے
اب بیٹھا ہوں ارادے کو سیماب کیے
گزری تاریکیاں پسِ جلباب کیے
نئے صبح و شام کھڑے ہیں کھلے باب کیے
میری سوختہ دلی کو فرح یاب کیے

☆جلباب: نقاب ☆فرح یاب: خوش ☆سیماب: پارہ

غزل

غُصّے اُبل رہے ہیں
پردے اُتر رہے ہیں
کلیجے اُچھل رہے ہیں
میں حیران ہوں

اخلاق چھپ رہے ہیں
انداز کُھب رہے ہیں
الفاظ چُبھ رہے ہیں
میں حیران ہوں

سامان اُلٹ رہے ہیں
اپنے پلٹ رہے ہیں
تبسّم سمٹ رہے ہیں
میں حیران ہوں

لمحے بلک رہے ہیں
لہجے سسک رہے ہیں
چہرے لٹک رہے ہیں
میں حیران ہوں

پسینے ٹِک رہے ہیں
سفینے بِک رہے ہیں
فرشتے لکھ رہے ہیں
میں حیران ہوں

جرائم کر رہے ہیں
بچے مر رہے ہیں
کس کام میں پڑ رہے ہیں
میں حیران ہوں

دریا　سُکڑ　رہے　ہیں
درخت　اُکھڑ　رہے　ہیں
موسم　بکھر　رہے　ہیں
میں　حیران　ہوں

کوے　چہک　رہے　ہیں
گدّھ　لہک　رہے　ہیں
حواس　بہک　رہے　ہیں
میں　حیران　ہوں

قرینے　عسرت　پذیر
نگینے　عجلت　پذیر
کمینے　نخوت　پذیر
میں　حیران　ہوں

☆**پسینے ٹِک رہے ہیں:** سے مراد ہے کہ کوئی پسینہ پونچھنے والا نہیں ہے۔

☆**عسرت پذیر:** زوال کا شکار　☆**عُجلت پذیر:** جلدی کا شکار

☆**نخوت پذیر:** تکبر کا شکار　☆**سفینہ:** کشتی